BEI GRIN MACHT SICH IHR WISSEN BEZAHLT

Michaela Sankowsky

Überblick zum Themenfeld "Regional Governance"

GRIN Verlag

Bibliografische Information der Deutschen Nationalbibliothek:

Die Deutsche Bibliothek verzeichnet diese Publikation in der Deutschen National-
bibliografie; detaillierte bibliografische Daten sind im Internet über http://dnb.d-
nb.de/ abrufbar.

Impressum:

Copyright © 2011 GRIN Verlag GmbH
Druck und Bindung: Books on Demand GmbH, Norderstedt Germany
ISBN: 978-3-656-72718-7

Dieses Buch bei GRIN:

http://www.grin.com/de/e-book/279184/ueberblick-zum-themenfeld-regional-
governance

GRIN - Your knowledge has value

Der GRIN Verlag publiziert seit 1998 wissenschaftliche Arbeiten von Studenten, Hochschullehrern und anderen Akademikern als eBook und gedrucktes Buch. Die Verlagswebsite www.grin.com ist die ideale Plattform zur Veröffentlichung von Hausarbeiten, Abschlussarbeiten, wissenschaftlichen Aufsätzen, Dissertationen und Fachbüchern.

Besuchen Sie uns im Internet:

http://www.grin.com/

http://www.facebook.com/grincom

http://www.twitter.com/grin_com

Regional Governance

- Bezeichnung für Strukturen und Prozesse der Steuerung und Koordinierung in Regionen
- Prozesse der Regionalisierung sind mit Globalisierung eng verbunden
- Nicht mit bestimmten Modell oder Theorie verbunden wie Governance-Begriff
- In Welt ohne Grenzen bleibt der begrenzte Raum (Region) für wirtschaftliches, politisches und soziales Handeln wichtig und wird durch globale Problem- und Handlungszusammenhänge beeinflusst
- Wirtschaftliche Aktivitäten oder politische Entscheidungen in Gemeinden erzeugen häufig externe Effekte, die durch interkommunale Zusammenarbeit oder zentrale Regulierung bewältigt werden müssen
- Um Herausforderungen der Internationalisierung zu begegnen, müssen Gemeinden und Regionen sich zusammenschließen und ihre Kräfte bündeln
- Steuerung durch Regulierung ist bei Regionen nicht einfach, deswegen wurde in der Praxis eher auf Kooperation als auf Zwang gesetzt
- Beruht im Kern auf Verhandlungen und Vereinbarungen

Analysebegriff „Regional Governance"
- Spezifische institutionelle Konstellationen
- Netzwerkcharakter der Steuerungsstruktur
- Bedeutung von Akteuren in der Regionalpolitik
- Kombination unterschiedlicher Steuerungsformen und -instrumente
- Bedeutung des Regionalmanagement
- Staatlicher Rechtsrahmen
- Spezifische politische und administrative Kultur in einer Region
- Akteure, die regionalpolitisch aktiv sind
- Externe Anreize
- Situative Bedingungen (wirtschaftliche Situation, …)

Normativer Begriff
- Bezeichnung für besonders Erfolg versprechende Ausformungen von regionalen Steuerungsstrukturen
- Aussagen über Entwicklung von Institutionen, geeignete Kombination von Steuerungsinstrumenten, Prozessmanagement
- Frage nach Erfolg regionaler Steuerung und Koordinierung und Legitimation regionalpolitischer Entscheidungen

Merkmale von „Region"

- Charakter als begriffliches (soziales) Konstrukt
- Zusammenhang (Interpendenz) zwischen Orten und Aktivitäten und Besonderheit im Hinblick auf bestimmte Kriterien, die eine Region kennzeichnen sollen
- Grenzen die sich aus diesen Kriterien ergeben

- Regionen sind nicht nur theoretischer Begriff sondern existieren auch in der gesellschaftlich konstruierten Realität
- Für Struktur und Gesellschaft ist eine Region bedeutsam, wenn sie durch gesellschaftliche Konventionen oder geteilte Vorstellungen konstruiert wird
- Regionen können bestimmte landschaftliche oder ökologische Zusammenhänge erfassen
- Regionen können durch Merkmale der Bevölkerung oder ihrer Kultur geprägt sein

Regionen sind durch gesellschaftliche Konventionen oder politische Entscheidungen konstruierte Räume, deren Ausdehnung durch die erfüllten Funktionen bestimmt wird

Grenzen von Regionen
- Region ist ein Raum, der durch viele Kerne und Randzonen zu beschreiben ist und dessen Grenzen sich aus der abnehmenden Dichte von Verflechtungszusammenhängen zwischen Ortspunkten oder örtlich gebundenen Akteuren bestimmen lassen
- Wichtig: Zusammenarbeit mit relevanten Akteuren erreichen und Interpendenzen zwischen Raumeinheiten nutzen und regeln
- Relative Offenheit von Grenzen ist hierbei ein Vorteil, sogar zwingend erforderlich

Region als intermediärer Raum
- Regionen zeichnen sich durch Zwischenstellung zwischen Orten und globalen Räumen aus
- Regionale Räume entstehen durch Verflechtung von Orten bzw. ortsgebundenen Aktivitäten und ist in seiner Struktur und Funktion abhängig von den nicht an Orten gebundenen Strömen

Region als organisierte Zusammenarbeit
- Region: Organisation, die für spezifische regionale Aufgaben zuständig ist
- Begriff Region als Funktions- und Handlungsraum oder unterschiedliche Formen der Organisation oder der regionalen Zusammenarbeit von Organisationen

Regionalpolitik
- Aufgabenfeld der regionalen Steuerung und Koordination
- Tätigkeitsbereiche, die in Regionen erfüllt werden
- Umfasst auch Aufgaben des Bundes, Länder, Gemeinden und der EU, die auf regionale Entwicklung ausgerichtet sind (regionale Strukturpolitik der EU, Raumordnungs- und Regionalpolitik des Bundes und der Ländern, kommunale Bauleitplanung und kommunale Wirtschaftsförderung)
- Politik, die innerhalb des „Handlungsraums" Region stattfindet
- Umfasst in funktionaler Hinsicht alle Aufgaben, unabhängig in welcher Organisation oder auf welcher Ebene sie erfüllt werden, die unmittelbar der Steuerung regionaler Entwicklungsprozesse dienen
- Regionalpolitik ist vertikal und horizontal verflochten

Aufgabenfeld Regionalpolitik

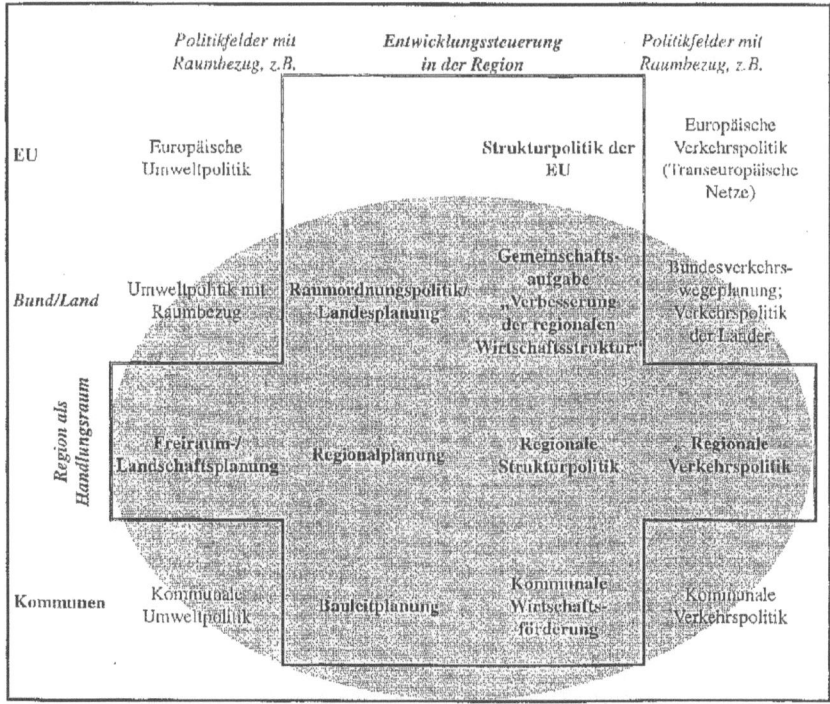

Politikfelder mit Raumbezug, z.B.	Entwicklungssteuerung in der Region	Politikfelder mit Raumbezug, z.B.
EU Europäische Umweltpolitik	Strukturpolitik der EU	Europäische Verkehrspolitik (Transeuropäische Netze)
Bund/Land Umweltpolitik mit Raumbezug · Raumordnungspolitik/ Landesplanung	Gemeinschafts- aufgabe „Verbesserung der regionalen Wirtschaftsstruktur"	Bundesverkehrs- wegeplanung; Verkehrspolitik der Länder
Region als Handlungsraum Freiraum-/ Landschaftsplanung · Regionalplanung	Regionale Strukturpolitik	Regionale Verkehrspolitik
Kommunen Kommunale Umweltpolitik · Bauleitplanung	Kommunale Wirtschafts- förderung	Kommunale Verkehrspolitik

Abbildung 1: Aufgabenfeld Regionalpolitik (Quelle: Benz, Arthur, 2010: Regional Governance. MA Governance, Modul 1.1, S. 11, Fakultät für Kultur- und Sozialwissenschaften, Fernuni Hagen.)

Regionalisierung

- Zur Globalisierung gegenläufiger Trend
- Hat sozialen und kulturellen Aspekt (Bezugsräume für Identitätssuche von Menschen)
- Regionalisierungsprozesse überschreiten oft Staatsgrenzen und sind hier oft besonders intensiv, weil Aufgaben in diesen Räumen nicht durch bestehenden Verwaltungen, sondern nur durch Verdichtung von Kooperationen zwischen Akteuren aus Politik und Verwaltung benachbarter Kommunen, Regionen oder Staaten erfüllt werden können

Merkmale

- Strategie der Entwicklungspolitik für ökonomische, soziale, ökologische und kulturelle Entwicklung von Räumen
- Kernbestandteil ist soziale und politische Konstituierung von Funktionsräumen (entscheidend ist Bündelung von Aktivitäten und Ressourcen)
- Veränderung der Aufgabenerfüllung und der Handlungsformen (statt hierarchische Steuerung des Staates tritt Kooperation zwischen staatlichen, kommunalen und gesellschaftlichen Akteuren)
- Richtet sich auf Integration von Akteuren und Aktivitäten innerhalb des regionalen Raums
- Legitimation und Kontrolle durch Verfahren der Verhandlungsdemokratie
- Regionalisierung „von oben" durch Regionalisierung staatlicher Politiken
- Regionalisierung „von unten" durch Entwicklung regionaler Selbstkoordination von Kommunen und gesellschaftlichen Akteuren in der Region

3

- Regionalisierungsprozesse von oben und von unten können sich wechselseitig verstärken, können sich aber auch stören (wenn zentrale Initiativen von endogen entstandenen regionalen Partnerschaften als Eingriffe in Autonomie wahrgenommen werden oder wenn sich Ziele der beiden Regionalisierungsprozesse widersprechen)

Dezentralisierung und Regionalisierung

Dezentralisierung	Regionalisierung
• Institutionenpolitik	• Entwicklungspolitik; raumbezogene Fachpolitik
• Veränderung institutionell definierter Grenzen staatlicher Zuständigkeitsräume (Gebietskörperschaften)	• Konstituierung von Funktionsräumen für Kooperation zwischen öffentlichen und privaten Akteuren
• Verlagerung von Aufgaben zwischen Gebietskörperschaften	• Veränderung der Aufgabenerfüllung
• Differenzierung der territorialen Organisationsstrukturen	• Integration von sektoralen Politiken zu einer raumbezogenen Querschnittspolitik
• Repräsentative Demokratie	• Netzwerke (Verhandlungsdemokratie)

Abbildung 2: Begriffe „Dezentralisierung" und „Regionalisierung" (Quelle: Benz, Arthur, 2010: Regional Governance. MA Governance, Modul 1.1, S. 14, Fakultät für Kultur- und Sozialwissenschaften, Fernuni Hagen.)

Regional Governance
- Regionen als intermediäre Handlungsräume konstituieren sich politisch im Wesentlichen aus Interaktionen

Merkmale
- Bedeutung: Selbststeuerung in der Region (Regionalpolitik wird nicht mehr allein durch Regulierung und Förderung des Staates gestaltet, sondern durch Zusammenwirken von Akteuren im regionalen Handlungsraum
- Interpendenzenmanagement als Steuerungsziel (Regional Governance zielt auf integrierte Politik durch strategische Koordination von interpendenten Prozessen)
- Koordination richtet sich auf Entwicklungskonzepte und gemeinsame Projekte
- Interorganisatorische Politik: Regionale Aufgaben werden nicht durch staatliche Institution erfüllt, sondern im Zusammenwirken von Organisationen aller Ebenen und von Organisationen aus dem öffentlichen und privaten Sektor (Region ist Handlungsraum, der Grenzen zwischen staatlichen Ebenen und zwischen Staat und Privatem überschreitet)
- Kombination von Steuerungsmodi (hybride Steuerungsformen):Regionalpolitische Entscheidungen beruhen im Kern auf Kooperationen, die im „Schatten der Hierarchie" (im Konfliktfall drohen Mehrheitsentscheidungen durch Behörde) verhandeln
- Schatten der Hierarchie ist wesentliche Voraussetzung für effektive Regionalpolitik

- Regionale Steuerungsformen zeichnen sich aus durch Kombination aus Regulierung, Anreizen, Wettbewerb und Verhandlungen aus
- Informelle und formelle Strukturen: Dauerhafte Verhandlungen verdichten sich oft zu Netzwerken
- Dauerhaftigkeit der Beziehungen kann auch durch institutionelle Strukturen gesichert werden
- Art und Maß der Stabilisierung ist weiteres Merkmal unterschiedlicher Formen von Regional Governance

Strukturen
- Werden gebildet durch Beziehungen zwischen Organisationen in Form von
  o Hierarchie (Über- und Unterordnung)
  o Polyzentrische Struktur (Organisationen sind autonom, aber durch Formen gemeinsamer Aufgabenerfüllung verbunden)
  o Netzwerke (autonome Organisationen sind durch dauerhafte Vertrauensbeziehungen ihrer Vertreter miteinander verbunden)

Entscheidungsverfahren
- Unilaterale Entscheidungen (wenn eine Instanz alleine beschließt)
- Mehrheitsentscheidungen (Gremien oder als Abschluss von Verhandlungen innerhalb von Regionen)
- Einigung (erfordert Zustimmung aller Beteiligten, jeder hat Vetorecht)

Steuerung und Koordination
- Steuerung: Gezielte Beeinflussung von Adressaten
- Koordination: Verwirklichung einer Entscheidung im Interorganisationsgefüge beteiligter Organisationen
  o Regulierung (durch Festlegung verbindlicher Regeln)
  o Wettbewerb (aus einer größeren Anzahl von Angeboten wird ausgewählt)
  o Finanztransfer/Finanzausgleich (nach festgelegten Regeln werden wirtschaftliche Verluste automatisch kompensiert, Konflikte über Kosten- und Nutzenverteilung geregelt)
  o Verhandlung (durch Tauschgeschäfte, Kompromisse oder wechselseitige Überzeugung zu einer Einigung gelangen)

Regionale Kooperationen
- Schlüsselbegriff in Diskussion um regional Governance
- Erkenntnis: Weder durch Wettbewerb noch durch Regulierung können regionale Aufgaben erfüllt werden
- Regionale Entwicklungsförderung verlangt Beiträge von öffentlichen Verwaltungen und privaten Organisationen, die nicht erzwungen werden können
- Regionen müssen aber auch Standortentscheidungen und entwicklungsfördernde Projekte lenken, um ausgewogene und nachhaltige Regionalentwicklung zu erreichen ohne deren Verwirklichung zu blockieren
- Beide Anforderungen sind nur mit Kooperationen der relevanten Akteure möglich
- **Begriff impliziert, dass Verhandlungen und Vereinbarungen je nach institutionellen Rahmenbedingungen im Schatten der Hierarchie, in polyzentrischen Strukturen oder in Netzwerken erreicht werden, aber auch durch Regulierung oder Wettbewerb ergänzt werden können**

Institutionelle Strukturen und Governance-Formen
- Institutionen bestimmen maßgeblich die Handlungskapazitäten in der Region
- Elemente der Handlungskoordination von Regionen: Organisatorische Kernstruktur, strategische Netzwerke, Festlegung von Führungsfunktionen

Merkmale von institutionellen Strukturen
- Art der Regionsabgrenzung (nach bestehenden Grenzen kommunaler Gebietskörperschaften oder regionalpolitischen Funktionen)
- Rechtsform (Verband, Gebietskörperschaft, private Form)
- Instanz, die legitimiert ist, grundlegende Beschlüsse zu treffen (Regionalparlament, Gemeinde/Kreisräte)
- Kompetenzen (Planungskompetenzen, Durchführungskompetenzen)

Formen
1. Regionale Gebietskörperschaft
- Nach Verwaltungszwecken abgegrenzt
- Rechtsform der Gebietskörperschaft verleiht ihr staatliche Durchsetzungsgewalt
  - o Regionalkreise mit generellen übergemeindlichen Aufgaben
  - o Mehrzweckverbände mit gebietskörperschaftlichen Elementen

2. Regionalverband
- Nach kommunalen verwaltungsgrenzen abgegrenzt
- Rechtsform: Vereinbarte Zusammenschlüsse oder Zwangsvereinbarungen auf gesetzlicher Grundlage
  - o Planungsverbände
  - o Mehrzweckverbände
  - o Mehrstufige Verbände

3. Interorganisationsstruktur (Zusammenschluss mehrerer funktional spezialisierter Organisationen)
- Beispiel Nahverkehr: Bedarfsplanung durch öffentlich-rechtliche Verbände, Betrieb der Strecken durch private Träger

4. Regionalkonferenzen
- Durch Gesetz oder Vereinbarung in funktional abgegrenzten Räumen eingerichtet
- Nur schwach institutionalisiert, unterliegen Prozess der schrittweisen Institutionalisierung
- Verbindlichkeit erlangen Entscheidungen aus Regionalkonferenzen erst durch Ratifizierung im Landesparlament oder kommunalen Räten (üben nur beratende Funktion bei Aufstellung von Entwicklungskonzepten und Leitprojekten aus)

5. Informelle Kooperation
- Regionale Kooperation ohne institutionelle Struktur
- Keine Entscheidungsinstanz, sondern nur freiwillige Kooperation auf Grundlage gemeinsamer Interessen
  - o Informale Kooperation mit organisatorischem Kern (Lenkungsgruppe, Entwicklungsagentur)
  - o Informale Kooperation ohne organisatorischem Kern (ohne institutionalisierte Führungs- oder Moderationsleistung)

Sonderform: Regionen, die Staatsgrenzen überschreiten
- In grenzüberschreitenden Regionen komplexe Organisationsformen, die sich aus mehreren Einrichtungen für spezifische Aufgaben zusammensetzen
- Freiwillige Kooperation dominiert in regionalen grenzüberschreitenden Netzwerken

Institutionelle Strukturen von Regional Governance

	Regionsabgrenzung	Rechtsform	Entscheidungsinstanz	Kompetenzen
Regionale Gebietskörperschaft	kommunale Verwaltungsgrenzen	Gebietskörperschaft	Regionalparlament	verbindliche Raumplanung, regionale Fachaufgaben
Regionalverband				
a) einfacher Planungsverband **b) mehrstufiger Planungsverband**	kommunale Verwaltungsgrenzen	Verband (freiwilliger oder Zwangsverband)	Verbandsversammlung	a/b) Raumplanung, regionale Entwicklungs- konzepte
c) Zweckverband				c) Fachaufgaben
Interorganisations- struktur	funktionale Abgrenzung	Zweckverband bzw. Organisation des Privatrechts	Verbandsversammlung (faktisch Verhandlung zwischen Zweckverband und Leistungsanbietern)	Fachaufgaben
Regionalkonferenz	funktionale Abgrenzung	Vereinbarung	Regionalkonferenz	Entwicklungs- konzept, Leitprojekte
Informale Kooperation				
a) mit organisatori- schem Kern	funktionale Abgrenzung	Entwicklungsagentur	keine	a/b) Entwicklungs- konzept, Leitpro- jekte
b) ohne organisatori- schen Kern	flexible Abgrenzung	keine Rechtsform	keine	

Abbildung 3: Institutionelle Strukturen von regional Governance (Quelle: Benz, Arthur, 2010: Regional Governance. MA Governance, Modul 1.1, S. 23, Fakultät für Kultur- und Sozialwissenschaften, Fernuni Hagen.)

Governance-Formen
- Regional Governance: Regelsysteme (Steuerungs- und Koordinationsmodi) und Beziehungsstrukturen (Interaktions- bzw. Kooperationsmuster) zwischen regionalen Akteuren

Strukturelle Merkmale
- Kreis der beteiligten Akteure (eng, weit, öffentlich, privat)
- Regelsystem (Mischung aus institutionellen Strukturen und Steuerungs- und Koordinationsmodi)
- Stabilität der Beziehung (Grad der Institutionalisierung)

Typen von Regional Governance

Kreis der beteiligten Akteure	Regelsystem	Stabilität der Beziehungen
Regionale Gebietskörperschaft — weit, öffentliche Akteure (Land, Region, Kommunen), festliegend	Regulierung, finanzielle Anreize, Finanzausgleich	institutionalisiert
Regionale Mehrebenenstruktur — weit, öffentliche (Land, Region, Kommunen) und private Akteure, relativ offen	Verhandlungen im Schatten der Hierarchie	institutioneller Rahmen, Vertragsbeziehungen und Netzwerke
Regionaler Planungsverband — eng, öffentliche Akteure (Planungsabteilungen des Landes und der Kommunen), festliegend	Regulierung durch verbindliche Pläne, faktisch Verhandlungen	institutionalisiert, Netzwerke
Interorganisationsstruktur — weit, öffentliche und private Akteure, offen	Wettbewerb, Verhandlungen und Verträge	relativ flexibel
Regionalkonferenz — weit, öffentliche und private Akteure, relativ offen	Verhandlungen, z. T. mit Anreizen	schwach institutionalisiert
Regionale Netzwerke — weit, öffentliche und private Akteure, offen	Verhandlungen	Netzwerke

Abbildung 4: Typen von Regional Governance (Quelle: Benz, Arthur, 2010: Regional Governance. MA Governance, Modul 1.1, S. 24, Fakultät für Kultur- und Sozialwissenschaften, Fernuni Hagen.)

Exkurs: Finanzierung regionaler Aufgaben und regionaler Finanzausgleich

- In deutschen Regionen wird kaum über Finanzen gesteuert und koordiniert (Akteure können nicht durch Finanztransfers zu bestimmten Handlungen motiviert, wirtschaftliche Ungleichgewichte zwischen Gemeinden und Teilregionen können nicht kompensiert werden)
- Grund für begrenzte Bedeutung von Finanzen: Institutionelle Struktur der Region (nicht möglich, eigene Finanzquellen zu erschließen)
- Regionale Aufgaben werden allgemein durch Umlagen finanziert, die von Kommunen aufgebracht werden, die Mitglieder in einem regionalen Verband sind
- Tatsache, dass Regionen keine Ebene des Staates sind mit umfassenden Finanzen (bildet vielmehr Raum für Interaktion und Kooperation), darf nicht darüber hinweg täuschen, dass über Finanzbeziehungen regional Governance gestaltet wird

Modell eines Finanzsystems für Regionen

Finanzierung regionaler Aufgaben		
Zuweisungen	Umlagen	Beiträge
⇧	⇧	⇧
Staat	Kommunen	Nutzer

Interkommunaler Finanzausgleich	Regionaler Lastenausgleich
Ausgleich der Einnahmen	aufgabenbezogener Lastenausgleich bei regionalen Gemeinschaftsprojekten
Regelung durch Gesetz	Regelung durch Vereinbarung in der Region

Abbildung 5: Modell eines Finanzsystems für Regionen (Quelle: Benz, Arthur, 2010: Regional Governance. MA Governance, Modul 1.1, S. 27, Fakultät für Kultur- und Sozialwissenschaften, Fernuni Hagen.)

Bedingungen regionaler Kooperation

- Unabhängig von institutionellen Rahmenbedingungen beruhen Entscheidungen der Politik in der Region im Kern auf Zusammenarbeit zwischen Organisationen-Vertretern
- Regionale Kooperation ist fundamentale Voraussetzung für Funktionsfähigkeit von Regional Governance

(Mindest-)Aufgaben und Konfliktstrukturen
- Regionale Raumplanung einschließlich Steuerung der Siedlungsentwicklung und der Freiraumsicherung
- Wirtschaftsförderung
- Verkehrsplanung einschließlich öffentlicher Nahverkehr
- Wasserversorgung
- Abfallwirtschaft

- Basis an gemeinsame Interessen, dass diese Aufgaben erledigt werden, ist Voraussetzung für Entstehung von Kooperationen
- Gleiche Interessen stehen individuellen Interessen gegenüber, Kosten-Nutzen-Bilanz für Beteiligte bzw. betroffene hängt von Art und Weise ab, wie sich andere Akteure verhalten und wie kollektive Entscheidungen getroffen werden

Spieltheoretische Analyse für Konfliktkonstellationen
Zwei Akteure, Kooperation ja oder nein, Maßnahme 1 oder 2

<u>Gefangenendilemma</u>
- Wenn Kooperation für Beteiligten besser ist als nicht zu kooperieren, aber jeder Akteur seine individuellen Interessen am besten verwirklichen kann, wenn er nicht kooperiert, unter Voraussetzung, dass alle anderen oder möglichst viele der anderen Akteure kooperieren
- Jeder kann als „Trittbrettfahrer" Vorteile erreichen
- Beispiel Nahverkehr: Durch bessere Verkehrsanbindungen profitieren alle Gemeinden. Wenn sie aber wissen, dass ein neuer Verkehrsverbund sowieso zustande kommt, sind sie nicht zur Beteiligung an der Finanzierung bereit
- Interessenkonflikte des Typs des Gefangenendilemmas lassen sich durch Verhandlungen lösen weil Beteiligten letztlich von einer Zusammenarbeit profitieren
- Lösungen sind umso schwieriger, je größer Zahl der Akteure ist, weil Anreiz zum Trittbrettfahrer-Verhalten mit Zahl der Teilnehmer steigt

„Kampf der Geschlechter"
- Verteilungskonflikte: Akteure haben entgegengesetzte Interessen
- Interessengegensätze können auch dann entstehen, wenn Entscheidung eigentlich im gemeinsamen Interesse aller Beteiligten liegt
- Konflikt bezieht sich auf unterschiedliche Varianten von Programmen oder Maßnahmen, die nur realisiert werden könne, wenn Akteure kooperieren
- Strittig ist nicht Tatsache der Kooperation, sondern welche Variante gewählt wird
- Beispiel: Wenn Entscheidungen über Standorte von Einrichtungen mit regionaler Bedeutung getroffen werden sollen, die entweder Vorteile (Universitäten) oder Nachteile (Mülldeponie) für die benachbarten Akteure bringt
- Konflikt kann nur gelöst werden, wenn eine Seite Verluste in Kauf nimmt
- Um diese Ungleichbehandlung zu rechtfertigen werden Normen der Verteilungsgerechtigkeit benötigt (auch wenn Nachteile durch Ausgleichszahlungen kompensiert werden können)

Problem Zeitdimension
- Oft fallen Kosten der Kooperation sofort an während Nutzen erst mittel- oder langfristig realisiert werden kann

- Kosten sind sichtbar und messbar, Nutzen nur schwer und ungenau kalkulierbar
- Unsicherheit über Erfolg von regionalen Projekten begrenzt Kooperationsbereitschaft von Akteuren

Institutionelle Strukturen (Mindestbedingungen)
- Vorhandensein einer Entscheidungsinstanz, die bei anhaltender Nicht-Kooperation zur Koordination durch Regulierung eingreifen kann (Schatten der Hierarchie)
- Lenkungsgruppe oder hinreichend legitimierte politische Leitung
- Ausreichend Verwaltungskapazitäten der Region

- Von Art der Institutionalisierung in die regionale Kooperation eingebettet ist, hängt es ab ob Trittbrettfahrer-Verhalten verhindert und ob Verteilungskonflikte gelöst werden können
- **Voraussetzung sind starke politische Führung in der Region sowie Möglichkeit, Mehrheitsentscheidungen zu treffen und durchzusetzen**

Akteure
- Korporative Akteure: Zusammenschlüsse mehrerer Personen, wenn dem Kollektiv Handlungen zugerechnet werden können und sich diese aufgrund der Funktionsmechanismen des Kollektivs identifizieren lassen
- Kooperationsbereitschaft der Akteure hängt von ihrer Macht ab (wenn sie Interessen autonom gegen andere regionale Akteure durchsetzen können, fehlt es an Motiv für Beteiligung in regionaler Kooperation)

Netzwerke
- Dauerhafte, nicht formal organisierte, durch wechselseitige Abhängigkeiten und gemeinsame Verhaltenserwartungen stabilisierte Kommunikations- und Interaktionsbeziehungen zwischen Vertretern von Organisationen
- Meist stehen diese Akteure in Kooperationsbeziehungen
- Raumbezogene und sektorale (fachlich spezialisierte) Netzwerke
- Regionalpolitik benötigt Zusammenspiel aus raumbezogenen, „richtungsoffenen" und fachspezifischen Netzwerken

Kooperations- und Regionalmanagement
- Regionale Kooperation entsteht nicht automatisch, es braucht Management von Prozessen der Interaktion und der Zusammenarbeit zwischen regionalen Akteuren

Aufgaben und Inhalte
- Definition der Themen von Kooperation
- Entwicklung von Überzeugungsstrategien
- Setzen von Anreizen (Fördermittel)
- Netzwerkmanagement (Aufbau und Veränderung von Netzwerken)
- Verlaufsgestaltung
- Management der Umsetzung

- Kooperationsmanagement kann sich lediglich auf Projekte beziehen
- Für Entwicklungspolitik benötigt man breiteren Ansatz des Regionalmanagements
- Regionale Akteure können besser für Projekte mobilisiert werden, Regionalmanagement umfasst aber mehrere Projekte und stellt Beziehungen zwischen Entwicklungszielen her
- Schließt Erarbeitung von Leitbildern, Entwicklungsvisionen und längerfristig angelegten Strategien ein

Situationen
- Erfolg oder Misserfolg hängt von aktueller Situation ab (diese ist kaum zu beeinflussen, gute Situationen nutzen)

- Viele regionale Kooperationsprozesse werden durch Krisen induziert
- Neue Förderprogramme können auch Kooperationen stimulieren
- Ambivalent wirken Situationen, wenn neue Akteure auftreten (können verfestigte Strukturen auflösen, müssen aber erst Vertrauen und Anerkennung gewinnen, um neue Kooperationen aufbauen zu können)

Kooperationszyklus
1. Initialphase
Bildung von Gruppen, die in weiterem Verlauf Führungsaufgaben übernehmen und oft als Lenkungsgruppe den organisatorischen Kern übernehmen

2. Mobilisierungsphase
Aufschwung der Kooperation, immer mehr Akteure zeigen Interesse an einer Beteiligung

3. Frustrationsphase
Sind in regionalpolitischen Kooperationsprozessen sehr wahrscheinlich weil Nutzen von Programmen erst langfristig anfallen und weil Erfolge der kooperativen Programmentwicklung sowieso unsicher sind

4. Normalisierungsphase
Netzwerke stabilisieren sich, Lenkungsgruppen werden institutionalisiert, Entscheidungsgremien durch regeln und Verfahren legitimiert

5. Stagnationsphase
Stagnation, Scheitern von Kooperation, lösen oft Aufbau von hierarchischen Institutionen aus, also wird auch Wandel der Regional Governance ausgelöst

Beispiel: Regionale Entwicklungspolitik in Regionalkonferenzen
- 1980er Jahre: Regionalisierung in NRW
- Entwicklung von Zukunftsvisionen des Landes
- Grenzen des Landes wurden nicht festgelegt sondern von Akteuren in den Regionen selber gezogen
- Nachdem Regionen konstituiert waren, wurden Regionalkonferenzen veranstaltet mit Akteuren aus Politik, Verwaltung, Unternehmen und Verbänden
- Thema: Entwicklungskonzepte und Prioritätenlisten von Projekten verhandeln und beschließen
- Land verpflichtete sich, bei Vergabe von Fördermitteln den Konsens der Region zu berücksichtigen
- Regionale Kooperation wurde in erster Phase mit erheblichen Finanzmitteln motiviert
- Mobilisierungswirkung verlor schnell an Kraft, als nur noch die normalen Fördermittel verfügbar waren
- Probleme der regionalen Kooperation mit einer schwachen institutionellen Struktur wurden offenkundig
- Ungleiches Mächteverhältnis: Vertreter des Landes, Kommunen und IHK gehören zum engen Kreis der Lenkungsgruppe (Vorentscheider-Gremium), Gewerkschaften, Umweltverbände, Wohlfahrtsverbände standen eher am Rande
- Erkenntnisse:
  o Schwierigkeiten einer Regionsbildung auf freiwilliger Basis
  o Grenzen der Kooperationsbereitschaft und Kooperationsfähigkeit von Organisationen innerhalb und außerhalb des staatlichen und kommunalen Bereichs
  o Gefahr, dass Kooperation selektiv wird
  o Koordinationsprobleme zwischen vertikal eingeflochtenen Politikbereichen, die sich auf Ebene der Region und des Landes stellen

- Zunächst Stagnation, dann wurde institutionelle Rahmen der Regional Governance verbessert, regionale Wirtschaftsförderung und regionale Raumordnung zusammengeführt und Regeln der Kooperation und Verbindlichkeit der regionalen Entscheidungen verstärkt

Regionale Kooperation in hierarchischen Strukturen

- Einbettung von Kooperationsprozessen in Institutionen ist nötig (Stabilität, keine Exklusivität wie Netzwerke)
- Um Effektivität von Kooperationen zu erhöhen sind hierarchische Strukturen sehr geeignet (nur wenn sie Kooperationen nicht regulieren sondern nur Optionen für Regelung von Konflikten und Auflösung von Verhandlungsblockaden bieten
- Begriff: Aufteilung von Kompetenzen zwischen übergeordneten und untergeordneten Ebene
- In Regional Governance sind hierarchische Strukturen meist schwach und wenn vorhanden, dann meist dezentral
- Kooperation deshalb generell „im Schatten der Hierarchie"

Ausprägungen der Hierarchie
Zwischen Staat und Region
Beispiel: Raumplanung (Regionen unterliegen der Kontrolle durch zuständige Behörden des Landes

Zwischen Regionalversammlung und regionalen Netzwerken
Regionalparlamente bilden Schatten der Hierarchie (durch Direktwahl legitimierte Macht zu autoritativen Entscheidungen) gegenüber regionalen Netzwerken

Zwischen Region und Kommunen
Innerregionale Hierarchien dienen Konfliktregelung bei Aufgaben, für die Region zuständig ist. Dass Regionen über Zwangsmittel verfügen, ist selten

Verhandlungen im Schatten der Hierarchie
- Kooperation ist immer Resultat eines Verhandlungsprozesses, in dem Akteure divergierende Interessen durch Koppelgeschäfte, Kompromisse oder Überzeugung so umformen, dass Einigung möglich ist
- Annahme: Kooperationspartner reagieren auf Konzession der Gegenseite mit eigenen Konzessionsangeboten
- Wer weniger konzessionsbereit ist, riskiert Scheitern der Verhandlung, erreicht aber bei Einigung besseres Ergebnis für sich selbst als wenn er schneller und mehr nachgibt
- Verhandlungsdilemma: Alle Akteure wissen, dass sie durch Konzession und Aufgeschlossenheit die Chance auf Verhandlungslösung verbessern. Aber wissen auch, dass nachgiebiges verhalten von „harten" Verhandlungspartner ausgebeutet werden kann und gehen davon aus, dass Konzessionen nicht zurückgenommen werden können ohne gesamte Verhandlung zu gefährden (riskant, zuerst Konzessionen zu machen)

Wirkung von „Schatten der Hierarchie" bei Verhandlungsdilemma
- Durch Entscheidungen einer übergeordneten Instanz (Mehrheitsentscheidungen in Regionalparlament) können Ziele und verfahren festgelegt werden, an die sich Kooperationspartner halten müssen
- Wenn Entscheidungen auch autoritativ getroffen werden können, erhöht dies Kooperationsbereitschaft (Akteure wissen, dass schlechtere Lösung folgt wenn sie sich nicht kooperativ einigen und verlieren an Autonomie, die sie durch Kooperation erhalten können)

- Legitimation von Gemeinwohlvertretern (erleichtert Auftreten als Konfliktvermittler)
- Übergeordnete Instanzen können Möglichkeit, Aufgaben durch Regulierung zu erledigen, in Verhandlungen als Tauschpotenzial einsetzen oder mit Regulierung drohen

Hierarchie zwischen strategischen und operativen Funktionen
- Stehen in hierarchischem Verhältnis zueinander: Für strategisches Management zuständige Organisation setzt Ziele und Strategien und kontrolliert und steuert deren Umsetzung
- Trennung von strategischen und operativen Funktionen entspricht „schlanken Leitungsstruktur", in der eigentliche Regionalorganisation auf politisch-administrativen Steuerungskern reduziert wird und operative Aufgaben auf verselbstständigte, aber mit Steuerungsinstanz verbundene Einheiten übertragen werden
- Modell des Regelkreises: Strategische und operative Entscheidungen werden in kontinuierlichem Kontrollprozess wechselseitig einander angepasst sobald Abweichungen erkennbar sind
- Principal-agent-Modell: Strategen sind Prinzipale und wollen operative Einheiten dazu bringen, Unternehmensstrategie umzusetzen, diese sind aber nur auf eigenen Vorteil bedacht
- Folge: Kontrollstrukturen in hierarchischen Organisationen sind immer durch gewisse Unsicherheit und asymmetrische Informationsverteilung zum Nachteil der übergeordneten Instanz gekennzeichnet
- Besser: Steuerung durch Vereinbarung (Zielvereinbarung) in Verbindung mit Ergebniskontrolle verspricht besseren Erfolg als autoritative Steuerung
- Strategische Steuerung beruht auf Festlegung von Leitbildern, Zielen und Programmen, Umsetzung kann durch verbindliche Ziele, Vereinbarung oder Bereitstellung von Ressourcen erfolgen
- In Region ist strategische Steuerung begrenzt (keine eigenen Budgets), deshalb ist funktionierendes Kontrollsystem in schlanken Leitungsorganisation der Regional Governance besonders wichtig
- Problem: Kontrolle ist schwierig weil Erfolg operativer Aktivitäten nicht immer durch quantitative Indikatoren gemessen werden kann (auch wenn sie auf längerfristige Verbesserungen ausgerichtet sind und nur kurzfristig Verfahren oder Strukturen verbessern)
- Kontrolle auch schwierig, wenn Kontrollinstanz nicht über Sanktionsgewalt in der Region verfügt und strategische Ziele nicht gegenüber ausführenden Einheiten durchsetzen kann
- Lösung: Schatten der Hierarchie durch politisch mächtige Institution (Regionalparlament) schaffen (Ordnungsrahmen für regionale Politik festlegen) und durch Aufsichtsfunktion die in der operativen Regionalpolitik beteiligten Kooperationspartner zum „vorauseilenden Gehorsam" zwingen
- Im Idealfall entsteht Modell einer Mehrebenenstruktur von Regional Governance in der Hierarchie, Netzwerke und andere Formen operativer Einheiten (Zweckverbände, Agenturen) verbunden sind

Kontrollstruktur in Mehrebenenorganisation von Regional Governance

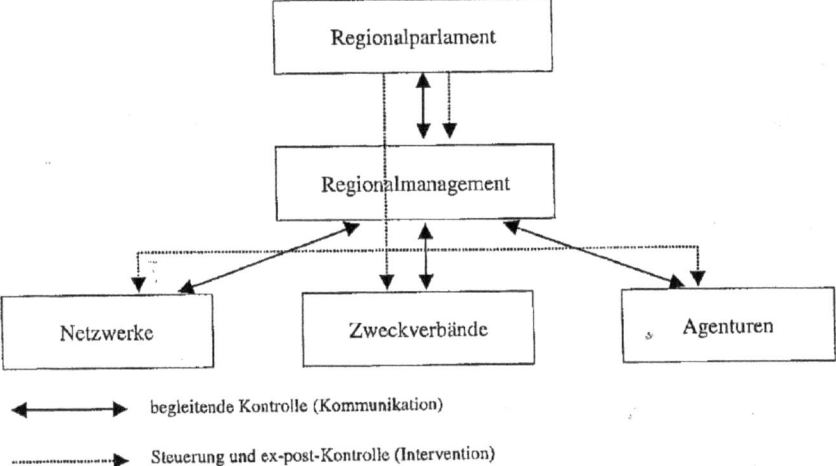

Abbildung 6: Kontrollstruktur in einer Mehrebenenorganisation von Regional Governance (Quelle: Benz, Arthur, 2010: Regional Governance. MA Governance, Modul 1.1, S. 48, Fakultät für Kultur- und Sozialwissenschaften, Fernuni Hagen.)

Beispiel „Region Stuttgart"
- Stadt Stuttgart nur geringen Bevölkerungsanteil (Umlandwanderung, Verschlechterung der Steuerbasis
- Verteilungskonflikte zwischen Kommunen verhinderten Lastenausgleich bei Finanzierung zentraler Einrichtungen und erschwerten deshalb Ausbau der Infrastruktur in der Region
- Beschäftigungseibruch in 1990er Jahren, Reformprozess startet
- „Verband Region Stuttgart": Regionaler Verband, rechtlich ähnlich wie Gebietskörperschaft, Aufgaben konzentrieren sich auf regionale Entwicklungspolitik
- Regionale Kooperation nun in hierarchische Struktur eingebettet, die als schlanke Leitungsorganisation auf Ergänzung durch Kooperation angewiesen ist und diese fördert
- Region sind per Gesetz Aufgaben übertragen: Regional- und Landschaftsrahmenplanung, Regionalverkehrsplanung, Wirtschaftsförderung, Teile der Abfallentsorgung, Tourismusmarketing
- Regulierung durch Planungsgebot: verband kann Kommunen zwingen, für regional bedeutsame Vorhaben die planungsrechtlichen Voraussetzungen zu schaffen (nur Drohpotenzial, wichtig ist dass Regionalparlament durch seine Beschlüsse das regionale Interesse bestimmen kann)
- Regionalparlament entscheidet über strategisch wichtige Infrastrukturprojekte (Messe, Stuttgart 21)
- Unter Dach des Verbands entstanden viele Initiativen, Netzwerke und Gesellschaften, die regionale entwicklungsaufgaben erfüllen
- Kennzeichen für Region Stuttgart: Regionalpolitik durch Netzwerkbildung und Netzwerkmanagement
- Regionalversammlung stellt Rahmen her, in dem Kooperationen und Netzwerke entstehen
- Governance-Struktur der Region Stuttgart ist das Ergebnis einer Kombination von Reformpolitik des Landes (Regionalisierung „von oben") und Aufbau regionaler Kooperationen (Regionalisierung „von unten")

14

- Wenn Konflikte in Verhandlungen nicht lösbar sind, bleibt Möglichkeit auf hierarchische Entscheidung des demokratisch legitimierten Regionalparlaments und auf Durchsetzungskompetenzen des Verbands zurückzugreifen

Steuerung durch Wettbewerb und regionale Kooperation

- Fortschritte bei wirtschaftliche Integration Europas und schrittweise Durchsetzung von Wirtschaftsfreiheit im Weltmarkt setzt Region der harten Realität des ökonomischen Wettbewerbs aus (müssen Koordinations- und Steuerungsfähigkeit verbessern)

Drei Arten des Wettbewerbs
1. Anbieterwettbewerb
- Träger der Regionalpolitik sieht sich einem Feld von konkurrierenden Leistungsanbietern gegenüber
- Wird gefördert durch Deregulierung im Bereich von Dienstleistungen
- Regionale Verbände oder Gebietskörperschaften organisieren potentielle Kunden, indem sie für ihre Region Bedarf an Versorgungsleistungen planen
- Eigentliche Leistung kaufen sie von Unternehmen ein
- Theorie: Effiziente Lösung wenn Regionen und Anbieter untereinander konkurrieren
- Beispiel Nahverkehr: In Verdichtungsräumen zählt Nahverkehr zu Kernaufgaben von Regionen, regionale Verbände oder Gebietskörperschaften sind für die Planung zuständig

Grenzen
- Vertragliche Bindungen
  - o Bei Abschluss von Verträgen haben sich Partner über bestimmten Zeitraum gebunden und Konkurrenz ausgeschaltet
  - o Schatten der Konkurrenz ist schwach, Drohpotenzial Verträge zu kündigen wegen hohen Transaktionskosten niedrig
- Geringes Budget der Region (vertikale Finanzverflechtung und Steuerungsmöglichkeiten des Staates beeinträchtigen Autonomie der regionalen Vertragspartner)
- Monopole (keine Konkurrenz unter Regionen weil Bedingungen der Aufgabenerfüllung sehr unterschiedlich sind, wenig Wettbewerb weil Anbieterseite durch Monopolstruktur gekennzeichnet ist)
- Optimierung von Regional Governance ist nur durch hybride Steuerungsstrukturen (Kombination von Wettbewerb mit hierarchischen und/oder Netzwerkstrukturen) möglich

- Modell des Anbieterwettbewerbs kann Partizipation von Betroffenen (eigentlichen Nachfragern nach Leistungen) erschweren

2. Standortwettbewerb
- Regionen stehen untereinander in Konkurrenz um Investitionen von Privatunternehmen, für die regionale Räume als Standorte relevant sind
- Wichtige Standortfaktoren: Öffentliche Infrastruktur, spezifische Wirtschaftsstrukturen (Cluster zusammengehöriger Produktions- und Dienstleistungsbetriebe, Unternehmensnetzwerke), Ausbildungs- und Forschungseinrichtungen, funktionsfähige öffentliche Verwaltung
- Regionaler Kontext ist für Attraktivität von Standorten wichtiger geworden
- Standortwettbewerb hängt von Struktur der Regional Governance ab
- Kann regionalpolitisch definiert werden, worauf sich Wettbewerb konzentriert (welche Faktoren der Region sollen als entscheidend für Standortqualität gelten, um welche Typen von Unternehmen oder Verwaltungen sie konkurrieren will)
- Autonomie oder Abhängigkeit der Region von Entscheidungen der staatlichen und kommunalen Einheiten ist entscheidend für Konkurrenzfähigkeit

- Region kann mit Kooperationen mit anderen Regionen Wettbewerb wenigstens partiell beeinflussen
- Grundlegend für Ausprägung des Standortwettbewerbs als Steuerungsmechanismus in Regionalpolitik ist Struktur des politischen Mehrebenensystems der regionalen Politik
- **Folge: Standortwettbewerb zwingt Regionen zur Kooperation, erzeugt aber gleichzeitig intraregionale Verteilungskonflikte**
- Standortkonkurrenz zwischen Regionen richtet sich auf Anwerbung räumlich mobiler Unternehmen oder auf Verhinderung der Abwanderung, Regionalpolitik wird somit abhängig von Standortpräferenzen der Wirtschaft, um die sich Wettbewerb dreht
- Gefahr: „Race to the bottom" (Abbau von Standards im Wettbewerb) im Hinblick auf Ziele der Freiraumsicherung oder Qualität der bebauten Umwelt, ist nicht zu unterschätzen weil Regulierungsniveau der Regionalplanung nicht durch Vetospieler gesichert wird, da auch Kommunen an Reduktion interessiert sind

Standortwettbewerb zwischen Regionen
- Stimuliert Kooperationsbereitschaft zwischen für wirtschaftliche Entwicklung wichtigen Akteure, verstärkt aber auch Verteilungskonflikte die Kooperation gefährden können
- Schwächt regionale Raumplanung und Strategie nachhaltiger Entwicklung, begünstigt aber projektorientierte Entwicklungspolitik
- Festigt Netzwerke zwischen Fachverwaltungen, Staat und Kommunen

Führt Regionalpolitik in Dilemma, dass Koordinationsbedarf und Konfliktniveau zwischen Verwaltungen, Projekten und Netzwerken gleichzeitig steigen (kann nur durch Governance-Formen mit starkem Schatten der Hierarchie bewältigt werden)

3. Policywettbewerb
- Policywettbewerb wird von europäischen und nationalen Institutionen als Steuerungssystem im Mehrebenensystem genutzt, um Regionen zu guter Entwicklungspolitik zu bewegen
- Gegenstand der Konkurrenz sind „beste Praktiken" unterschiedlicher Art (Qualität und Leistungsfähigkeit der regionalen Politik ist Gegenstand des Wettbewerbs)
- Beispiele: Politikinhalte, Wirkung von Programmen, Organisationsformen der Verfahrensweisen
- Kritik: Inflationäre Vermehrung von Policywettbewerben und Auszeichnungen stellt den Steuerungswettbewerb selber in Frage
- Eigentlicher Anreiz geht von Zustimmung zur Politik die durch Leistungsvergleich zwischen Regionen gewonnen oder verloren werden kann
- Entscheidend ist, dass Ergebnisse öffentlich diskutiert werden
- Ziele: Intraregionale Qualitätsverbesserung und Politikkoordination
- Policywettbewerbe sind „weiche" autonomieschonende Form der Steuerung im Mehrebenensystem, solange sie nicht mit zu hoher Beanspruchung von Verwaltungskapazitäten verbunden sind

Wirkungen
- Induzieren Innovationen und tragen zu ihrer Verbreitung bei
- Lösen Nachahmungsprozesse aus, durch Vergleich der Leistungen unterschiedlicher regionaler Praktiken kommt es zu Diffusion von Innovation
- Förderung von Zustimmung (Gegenstand des Wettbewerbs ist hohe Qualität von Problemlösungen
- „Entpolitisierung" von Entscheidungen und fördern Verwissenschaftlichung von Politik (Standards und Vergleichsmaßstäbe werden durch Verwaltungen definiert, sind dann objektive Kriterien für eine richtige Politik)
- Sektoralisierung: Wettbewerbe werden häufig zu speziellen Themen veranstaltet, die von übergeordneten Stellen vorgegeben werden (Regionen schärfen ihr Profil, Gefahr: Querschnittsaspekte der regionalen Entwicklung werden vernachlässigt)

- Entwicklung von elitären Netzwerken wird gefördert (Policywettbewerb findet meist in Politiknetzwerken und korporatistischen Verhandlungsnetzwerken statt, die mit Verwaltung zusammenarbeiten), konterkariert die durch Leistungsvergleich geschaffene Transparenz
- Wettbewerb funktioniert nur, wenn er mit Anreizen kombiniert wird (Frustrationseffekt bei Ende der Fördermittel)
- Durch themenzentrierte Wettbewerbe müssen Regionen ihre Arbeit nicht auf ihr Gebiet, sondern auf vordefinierten Handlungsraum orientieren (je nach Governance-Form können neue Koordinationsprobleme entstehen oder flexiblere Formen regionaler Kooperation mit neuen Akteuren entstehen)

Zusammenhänge zwischen Wettbewerbsarten
Zielkonflikte
- Anbieterwettbewerb bietet Chancen für effiziente Bereitstellung öffentlicher Leistungen, je nach Marktstruktur können Regionen dadurch aber in Wettlauf u Unterbietung von Qualitätsstandards geraten
- Im Standortwettbewerb setzen Regionen auf große Leitprojekte, von denen sie sich Investitionsimpulse und Folgeaktivitäten erwarten
- Im Policywettbewerb verfolgen Regionen politisch definierte Entwicklungsziele mit dem Ziel der wirtschaftlichen, sozialen und ökologischen Nachhaltigkeit

Kooperationsformen oder Netzwerke
- Anbieterwettbewerb schließt zunächst Kooperationen aus, widersprich dem Ausschreibungsverfahren
- Standortwettbewerb simuliert wirtschaftszentrierte Netzwerke, die durch Kommunen angestoßen werden
- Policywettbewerb zielt auf Umstrukturierung regionaler Kooperation, können auch Bildung von sektoralen Netzwerken fördern
- Unterstützen kooperative Regionalpolitik und tragen zur Verdichtung interregionaler und ebenenübergreifender Politikverflechtung bei

- Entwicklung: **Regionen suchen Identität und Chancen im Policywettbewerb und nutzen diese als Strategie im Standortwettbewerb**
- Generell wächst Druck auf Akteure zu kooperieren, aber es wachsen auch Anreize, selektive Netzwerke zu bilden und andere Akteure auszuschließen
- Wettbewerbe zwischen Regionen verstärken auf „variable Geometrie" (Ausfransung der Regionsgrenzen, stärkere Abkehr vom Gebietsbezug und Orientierung an funktionalen Räumen)

Formen des Wettbewerbs in Mehrebenensystemen

	Anbieterwettbewerb	Standortwettbewerb	Policywettbewerb
Gegenstand	öffentliche Güter und Dienstleistungen	Flächen, Infrastruktur, Unternehmensnetzwerke, „weiche" Standortfaktoren	Politikmodelle, Programme, Maßnahmen („best practices")
Anbieter	öffentliche oder private Unternehmen	Land, Region, Kommunen	Region
Nachfrager	Regionale Vertretung der Bürger/Nutzer (z.B. Regionalverband)	private Unternehmen, z.T. öffentliche Einrichtungen	Bewertungsgremien, Bürger und Wirtschaft der Region
Ziel	Effizienz	wirtschaftliche Entwicklung	politisch definierte Entwicklungsziele
Struktur der Regionalpolitik	Trennung zwischen Planung und Durchführung sektorale Expertennetzwerke	Kooperation der Exekutiven Dominanz interner Expertennetzwerke interkommunale Verteilungskonflikte	offene, variable Netzwerke Pluralität sektoraler Netzwerke vertikale und horizontale (interregionale) Politikverflechtung

Abbildung 7: Formen des Wettbewerbs in Mehrebenensystemen (Quelle: Benz, Arthur, 2010: Regional Governance. MA Governance, Modul 1.1, S. 55, Fakultät für Kultur- und Sozialwissenschaften, Fernuni Hagen.)

Netzwerke und Innovationen: „Learning Regions"

- Netzwerke erleichtern Austausch von Gütern, Personen oder Informationen und erlauben es, besondere Entwicklungsmöglichkeiten (endogene Potenziale) einer Region besser zu nutzen
- Unternehmen mit hoher Innovationsfähigkeit, die flexibel auf Marktentwicklung reagieren wollen, benötigen regionales Umfeld, in dem Forschung, Technologie etc. eng verbunden sind
- Interne Vernetzungen reduzieren Transaktionskosten
- Flexibilität von Strukturen der Region macht sie für Akteure aus dem öffentlichen und privaten Sektor attraktiv, die ohne Zwang institutionelle Regeln beachten zu müssen, ihre Aktivitäten koordinieren wollen
- Regionen sind erfolgreich, wenn sie sich durch hohe Lernfähigkeit auszeichnen (Lernen als Anpassungs- und Innovationsfähigkeit der Regionalpolitik)

Merkmale regionalen Policy-Lernens
- Lernen bezieht sich auf einen Raum, auf Leitideen, Ziele und Programme seiner Entwicklung (nicht nur auf Einzelprojekte)
- Lernen ist Prozess kollektiven Handelns, in dem es darum geht, Wissen und Einstellungen von Individuen und Interessen- und Interaktionsstrukturen im regionalen Handlungsraum zu verändern
- Veränderungen in Interessens- und Interaktionsstrukturen sind Voraussetzung für effektives Lernen und Verwirklichung von Innovation

„Lernende Region"
- Region, die sich aktiv mit veränderten Bedingungen auseinandersetzt (Programme, Maßnahmen und Institutionen daran anpasst)
- Region ist in der Lage, Ziele, Instrumente und Entscheidungen zu verändern und sogar strukturelle Voraussetzungen von regionaler Politik anzupassen

Kritik der Netzwerktheorie
- Innovationsfähigkeit und Policy-Lernen hängt von konkreten Strukturen eines Netzwerks, Interaktionsmustern und Fähigkeiten der Akteure, mit Konflikten umzugehen, ab
- Netzwerke sind meist nur sektoral und auf bestimmte Funktionen ausgerichtet (Lernfähigkeit einer Region kann also nicht nur auf Netzwerkstrukturen beruhen, sondern findet in einem weiteren regionalen Kontext statt)
- Lernen hat unterschiedliche Bedeutung: Region kann auch einfach erfolgreich umgesetzte Problemlösungen anderer Regionen kopieren, Modelle an eigene Region anpassen oder völlig neue Lösungen entwickeln (welche Form am geeignetsten ist, lässt die Netzwerktheorie offen)
- Fraglich ob Innovationsprozesse bewusst generiert und gesteuert werden können (Lernen als Prozess des Versuchs und Irrtums, der sich an Ergebnissen und ihren Wirkungen orientiert)
- Innovationsfähigkeit wird grundsätzlich durch Pfadabhängigkeit begrenzt (jede Entwicklung baut auf Vorhandenem auf)

Policy-Lernen in regionalen Netzwerken
- Netzwerke tragen zur Verdichtung von Kommunikation bei
- Vertrauensbeziehungen erleichtern es den Beteiligten, die mit Innovationen verbundenen Risiken einzugehen
- Lose Verbindungen zwischen Akteuren (Möglichkeit, Kommunikationsmuster leicht zu verändern und neue Kooperationen zu bilden) tragen zur Steigerung von Innovation bei
- Netzwerke sind verglichen mit formalen Organisationen offener für Einfluss von externen Einflüssen, können Kommunikation über Grenzen formaler Zuständigkeit fördern
- Netzwerke können Akteure zusammenschließen, die den Status quo erhalten wollen (konservative Akteure, bestätigen sich wechselseitig in ihren Haltungen)
- Unter Veränderungsdruck können Netzwerke auch Überreaktionen erzeugen (Impulse breiten sich rasch aus, werden nicht durch formale Zuständigkeitsbarrieren gefiltert)
- Netzwerke können im veränderungsprozess zerstört werden, wenn Reformer und Reformgegner sich nicht einigen können und Innovationen blockiert werden
- Fähigkeit einer Region zu lernen hängt davon ab, ob und wie neues Wissen produziert wird und unter den relevanten Akteuren verbreitet werden kann und ob Konflikte, die durch Politikänderungen hervorgerufen werden, rasch gelöst werden können

Relevante Merkmale von Netzwerken
Struktur des Netzwerks
- Kognitive Veränderungen (Erzeugung und Verbreitung von neuem Wissen) sind wahrscheinlicher, wenn unterschiedliche Akteure mit verschiedenen Informationen, Kenntnissen und Sichtweisen beteiligt sind
- Aber: Konfliktregelungsfähigkeit ist unter diesen Bedingungen gering weil verschiedene Perspektiven und Interessen aufeinander treffen
- Kooperation endet unter diesen Bedingungen oft mit Kompromissen, die wenig vom Status quo abweichen, Durchsetzung von Innovation erfolgt eher durch Promotoren, die erforderliche Durchsetzungsmacht besitzen
- Lösung: Entwicklung von differenzierten Netzwerken (homogene Kerngruppe, heterogene Netzwerke), diese entstehen aber nicht von selbst, sondern nur durch geeignetes Netzwerk-Management

Handlungsorientierung der Akteure
- Lernen in regionalen Netzwerken setzt voraus, dass Akteure bereit sind, ihre Ziele, Einstellungen und Handlungen zu verändern und sich auf kollektive Veränderungsprozesse einlassen

- Annahme: Wettbewerb zwischen Akteuren führt zu innovativen Prozessen (aber: kann in kollektiven Lernprozessen schädlich sein, weil Akteure Informationsweitergabe verweigern und durch Monopolisierung ihres Wissens Konflikte provozieren
- Wenn Interaktionsbeziehungen auf „sozialem Kapital" (Vertrauensbeziehung) beruhen, werden sie weniger leicht durch kompetitives Verhalten gestört
- Soziales Kapital ist essentielle Voraussetzung für regionale Lernprozesse (verringert Transaktionskosten und ermöglicht Lernprozesse selbst in kompetitiven sozialen Umfeld)
- „Regionale Identität": Pluralistische Kulturen erzeugen verschiedene kognitive und normative Orientierungen der Akteure und zwingen damit regionale Kooperationspartner sich intensiver für gemeinsame Lösungen zu engagieren
- Vertreter der Wirtschaft eher kompetitives Verhalten, Vertreter aus öffentlichen Verwaltungen und Verbänden eher kooperatives Verhalten

Autonomie der Akteure
- Intern: Wechselseitige Abhängigkeiten, die zu gemeinsamen Entscheidungen zwingen, erfordern Kommunikation und können so Innovation in Gang bringen
- Folge: Lernfähigkeit in regionalen Netzwerken steigt mit zunehmender Zahl an unabhängigen Akteuren und dem Grad ihrer Unabhängigkeit
- Schwache Bindungen der Akteure ermöglichen flexible Koalitionen für Veränderungen und erlauben es innovationsbereiten Akteuren, strukturkonservierende Koalitionen zu verlassen
- Extern: Externe Beziehungen wirken innovationsfördernd, wenn sie Außeneinflüsse zulassen und wenn Akteure gezwungen sind, diese zu beachten
- Folge: Lose gekoppelte Netzwerke mit Vertrauen und stabilen Kommunikationsbeziehungen sind beste Voraussetzung für Lernprozesse
- Netzwerkstruktur erforderlich mit innovativen Kernen, von denen Impulse ausgehen, die sich über Kommunikationsstrukturen schnell im Netzwerk verbreiten

Dynamik des Netzwerks
- Durchsetzung von Innovationen im Netzwerk kann durch stabile Beziehungen auch blockiert werden
- Deswegen werden Innovationen oft erst in Krisen möglich, die bestehende Strukturen in Frage stellen
- Aber Krisen sind mit Unsicherheit, Ressourcenknappheit und verengten Handlungsspielräumen verbunden, darum sinkt Fähigkeit zur Innovation und zur effektiven Steuerung von Innovationsprozessen

Fazit
- Regionales Lernen erfordert Überwindung von kognitiven und politischen Schwierigkeiten
- Kognitiv: Akteure müssen neues Wissen aufnehmen und verarbeiten um alte Strukturen in Frage zu stellen und neue Lösungen zu entwickeln
- Politisch: Die ausgelösten neuen Interessenkonflikte müssen bewältigt werden
- Netzwerke bieten Strukturen und Akteurskonstellationen, die beide Probleme lösbar machen, allerdings wirken spezifische Merkmale von Netzwerken in Bezug auf die beiden Dimensionen des Lernprozesses in entgegengesetzte Richtungen

Bedingungen für regionales Lernen in Netzwerken

Eigenschaften regionaler Netzwerke		Bedingungen hinsichtlich der	
		kognitiven Dimension	politischen Dimension
		des Policylernens	
Struktur von Netzwerken	Homogenität	gering	hoch
	Machtstruktur	polyarchisch	hierarchisch
	externe Beziehungen	offen: intensive externe Kontakte	geschlossen: beschränkte externe Kontakte
Handlungs- orientierung der Akteure	strategisches Verhalten	kompetitiv, risikobereit	kooperativ
	Beziehungen zwischen Personen	Vertrauen („soziales Kapital")	
Autonomie der Akteure	intern	hoch	gering
	extern	gering	hoch
Netzwerk- dynamik	Stabilität von Beziehungen	gering	hoch

Abbildung 8: Bedingungen für regionales Lernen in Netzwerken (Quelle: Benz, Arthur, 2010: Regional Governance. MA Governance, Modul 1.1, S. 76, Fakultät für Kultur- und Sozialwissenschaften, Fernuni Hagen.)

Innovative Netzwerke als Bestandteil von Regional Governance
- Institutionen bilden Rahmen, in dem sich Netzwerke entwickeln
- Lernende Regionen brauchen also institutionelle Rahmenbedingungen, die geeignete Netzwerkstrukturen ermöglichen (müssen Kapazitäten für Regelung von Konflikten beinhalten und legitime Entscheidungen erlauben, ohne dass Innovationspotenziale von Netzwerken unterdrückt werden)

Geeignete Netzwerkstrukturen für lernende Regionen
- Differenzierung zwischen Netzwerkkern und peripheren Gruppen
- Überlappende Netzwerke
- Existenz von Netzwerkmanagern

Geeignete Institutionelle Struktur für lernende Regionen
- Politisches Entscheidungsgremium (Regionalparlament, Regionalrat), in dem alle relevanten gesellschaftlichen Gruppen und lokale Gebietskörperschaften vertreten sind
- Institutionen mit regionaler Querschnittsfunktion, die Grenzen zwischen Kommunen/ Teilgebieten oder zwischen privaten und öffentlichem Sektor überbrücken kann
- Entwicklungsagenturen: Innovationspromotoren, die wegen Unabhängigkeit von gesellschaftlichen Interessen, politischen Parteien oder Verwaltungen und wegen ihrer Fachkompetenz fähig sind, als „Spielmacher" in der Region zu arbeiten
- Staatliche Instanzen müssen auf strikte Regulierung der Regionen verzichten und dafür Ordnungsrahmen und Standards für regionalen Politikwettbewerb setzen, vertikale und horizontale Kommunikation fördern

Lernfähigkeit von Regionen ist entscheidende Voraussetzung für erfolgreiche Regionalpolitik

Konzept der lernenden Region bietet geeignete Grundlage zur Beurteilung von Regional Governance

Demokratische Legitimation von Regional Governance

- Folgen von Legitimationsdefiziten werden erst dann sichtbar, wenn Präferenzen der Bevölkerung offensichtlich vernachlässigt werden und unlösbare Krisen entstehen
- Bürger äußern ihre Interessen an regionalpolitischen Themen in den Institutionen, die für sie sichtbarer sind als die Region und in denen die von ihnen gewählten Vertreter sitzen (Kommunen, Landesebene, Staatenebene)

Herstellung von Legitimation durch ...
Erfolg („Output")
- Solange Zusammenarbeit der regionalen Akteure als erfolgreich oder Erfolgversprechend anerkannt wird, ist diese Legitimationsbasis ausreichend

Beteiligung aller betroffenen Bürger oder ihrer Vertreter („Input")
- Beteiligung gesellschaftlich relevanter Akteure und Mobilisierung der regionalen Zivilgesellschaft sind Ziele, die Übergang von traditionellen staatlich-kommunalen Regionalpolitik zu Regional Governance kennzeichnen
- Umstrittene Projekte bieten Chancen für breitere Öffnung von regionalpolitischen Verfahren
- Tendenz: Reduzierung von Bürgerbeteiligung bei Entscheidungsprozessen (macht Verfahren komplizierter), deshalb Mangel an Legitimation weil Bürger nicht in der Lage sind, sich ein umfassendes Bild zu machen

Institutionalisierung („Legitimation durch Verfahren")
- Regionen ohne ein Mindestmaß an Institutionalisierung leiden langfristig unter einem Legitimationsdefizit
- Demokratische Qualität von Regionalpolitik: Muss geregelt sein, wer in letzter Instanz für die Ergebnisse der regionalen Kooperation Verantwortung trägt und wie diese eingelöst wird

Offene Fragen
- Regionen sind heute nicht mehr nur Planungsräume, sondern in ihnen werden öffentliche Güter hergestellt und über zentrale Projekte entschieden
- Demokratische Legitimation von Governance wir deshalb zu großer Herausforderung